© Parabel/Engelbert Dessart
in der Verlagsgruppe Beltz · Weinheim und Basel
Alle Rechte vorbehalten
Neue Rechtschreibung
Gesamtherstellung: Druckhaus Beltz, Hemsbach
Printed in Germany
ISBN 3 89050 472 8

1 2 3 4 5   08 07 06 05 04

Mein schönstes Liederbuch

Die bekanntesten Volks- und Kinderlieder
Mit Bildern von Lore Hummel

Parabel · Engelbert Dessart

Meister Jakob

Singradl zu 4 Stimmen
Volkstümlich

Meis - ter Ja - kob, Meis - ter Ja - kob, schläfst du noch, schläfst du noch? Hörst du nicht die Glo - cken, hörst du nicht die Glo - cken? Bim, bam, bim, bam.

Im Frühtau zu Berge

Uhrenkanon

Kanon zu 3 Stimmen　　　　　　　　　　　　　　　　Worte und Weise: Karl Karow

1. Gro - ße Uh - ren ge - hen: tick - tack tick - tack,
2. klei - ne Uh - ren ge - hen: ti - cke - ta - cke ti - cke - ta - cke,
3. und die klei - nen Ta - schen - uh - ren: ti - cke - ta - cke, ti - cke - ta - cke, tick!

Der Wächter auf dem Turme saß

Nach einem Volkslied aus Thüringen

1. Der Wäch - ter auf dem Tur - me saß und rief mit hel - ler Stim - - me: Ist noch ei - ner da, der in

Schlum-mer leit, er steh nur auf, es ist nun Zeit, der Tag hat sich ge - zei - get, ge - zei - get.

2. Drum fangt das Tagwerk hurtig an,
ihr Leute aller Orten!
Beginnet es mit Fröhlichkeit
und seid zu gutem Tun bereit,
bis dass die Sonn
sich neiget, sich neiget.

Die Waschfrauen

Altes Spiellied

1. Zeigt her eure Füßchen, zeigt her eure Schuh und sehet den fleißigen Waschfrauen zu! Sie waschen, sie waschen, sie wasch'n den ganzen Tag, sie waschen, sie waschen und tanzen den ganzen Tag.

2. ... Sie wringen ... und tanzen den ganzen Tag.
3. ... Sie trocknen ... und tanzen den ganzen Tag.
4. ... Sie bügeln ... und tanzen den ganzen Tag.
5. ... Sie klatschen ... und tanzen den ganzen Tag.
6. ... Sie ruhen ... und tanzen den ganzen Tag.

Das bucklige Männlein

Worte: aus „Des Knaben Wunderhorn"
Weise: volkstümlich

1. Will ich in mein Gärtlein gehn,
will mein' Zwiebeln gießen,
steht ein bucklig Männlein da,
fängt gleich an zu niesen.

2. Will ich in mein Küchel gehn,
will mein Süpplein kochen,
steht ein bucklig Männlein da,
hat das Töpflein brochen.

3. Will ich in mein Stüblein gehn,
will mein Müslein essen,
steht ein bucklig Männlein da,
hat's schon halb gegessen.

4. Will ich auf mein Boden gehn,
will mein Hölzlein holen,
steht ein bucklig Männlein da,
hat mir's halber g'stohlen.

Backe, backe Kuchen

Xylophon
Worte und Weise: volkstümlich

Ba - cke, ba - cke Ku - chen, der Bä - cker hat ge - ru - fen!

Wer will gu - ten Ku - chen ba - cken, der muss ha - ben sie - ben Sa - chen:

Ei - er und Schmalz, Zucker und Salz, Milch und Mehl,

Saf - ran macht den Ku-chen gehl. Schieb, schieb in'n O - fen 'nein!

Wer will fleißige Handwerker sehn

Volkstümliches Spiellied

1.-9. Wer will flei-ßi-ge Hand-wer-ker sehn, der muss zu uns Kin-dern gehn.

1. Stein auf Stein, Stein auf Stein, das Häus-chen wird bald fer-tig sein.

2. O wie fein, o wie fein,
der Glaser setzt die Scheiben ein.

3. Tauchet ein, tauchet ein,
der Maler streicht die Wände fein.

4. Zisch, zisch, zisch, zisch, zisch, zisch,
der Tischler hobelt glatt den Tisch.

5. Poch, poch, poch, poch, poch, poch,
der Schuster schustert zu das Loch.

6. Stich, stich, stich, stich, stich, stich,
der Schneider näht ein Kleid für mich.

7. Rühre ein, rühre ein,
der Kuchen wird bald fertig sein.

8. Trapp, trapp drein, trapp, trapp drein,
jetzt gehn wir von der Arbeit heim.

9. Hopp, hopp, hopp, hopp, hopp, hopp,
jetzt tanzen alle im Galopp.

Hopp, hopp, hopp

Worte: Karl Hahn
Weise: Karl G. Gering

1. Hopp, hopp, hopp! Pferdchen lauf Galopp! Über Stock und über Steine, aber brich dir nicht die Beine! Hopp, hopp, hopp, hopp, hopp! Pferdchen lauf Galopp!

2. Tipp, tipp, tapp! Wirf mich ja nicht ab!
Sonst bekommst du Peitschenhiebe,
Pferdchen tu mir's ja zuliebe,
wirf mich nur nicht ab!
Tippti, tippti, tapp.

3. Brr, brr, he! Pferdchen steh doch, steh!
Sollst schon heute weiterspringen,
muss dir nur erst Futter bringen.
Steh doch, Pferdchen, steh!
Brr, brr, brr, brr, he!

Feierabend

Aus Kärnten

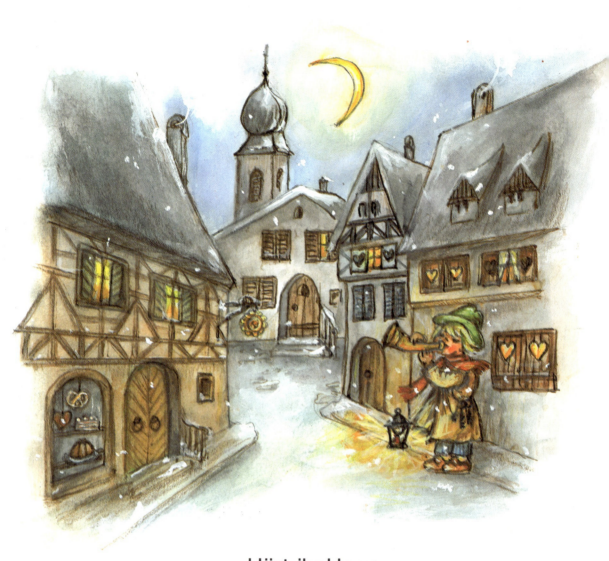

Hört, ihr Herrn

Glockenspiel
Nachtwächterrufe aus Franken

1. Hört, ihr Herrn, und lasst euch sa-gen, uns-re Glock hat zehn ge-schla-gen!

Zehn Ge-bo-te setzt Gott ein; gib, dass wir ge-hor-sam sein!

1.–4. Men-schen-wa-chen kann nichts nüt-zen, Gott muss wachen, Gott muss schützen;

Herr, durch dei-ne Güt und Macht gib uns ei-ne gu-te Nacht.

2. Hört, ihr Herrn, und lasst euch sagen,
unsre Glock hat elf geschlagen:
Elf der Jünger blieben treu,
hilf, dass wir im Tod ohn Reu!

3. Hört, ihr Herrn, und lasst euch sagen,
unsre Glock hat zwölf geschlagen:
Zwölf, das ist das Ziel der Zeit,
Mensch, bedenk die Ewigkeit!

4. Hört, ihr Herrn, und lasst euch sagen,
unsre Glock hat eins geschlagen:
Ist nur ein Gott in der Welt,
ihm sei alls anheim gestellt.

Ich bin ein kleiner König

Ich bin ein klei-ner Kö-nig, gebt mir nicht zu we-nig,
gebt mir Äp-fel und Nüs-se, mich friert's an die Fü-ße.

Weißt du, wie viel Sternlein stehen

Glockenspiel Volksweise

Weißt du, wie viel Stern-lein ste - hen an dem blau-en Him-mels-zelt? Weißt du, wie viel Wol-ken ge - hen weit-hin ü - ber al - le Welt? Gott der Herr hat sie ge - zäh - let, dass ihm auch nicht ei-nes feh - let an der gan-zen gro-ßen Zahl, an der gan-zen gro-ßen Zahl.

Müde bin ich, geh zur Ruh

Worte: Luise Hensel
Weise: volkstümlich

1. Mü-de bin ich, geh zur Ruh, schlie-ße bei-de Äug-lein zu.
2. Al-le, die mir sind ver-wandt, Gott, lass ruhn in dei-ner Hand.

Va-ter, lass die Au-gen dein ü-ber mei-nem Bet-te sein.
Al-le Men-schen, groß und klein, sol-len dir be-foh-len sein.

Kindlein mein

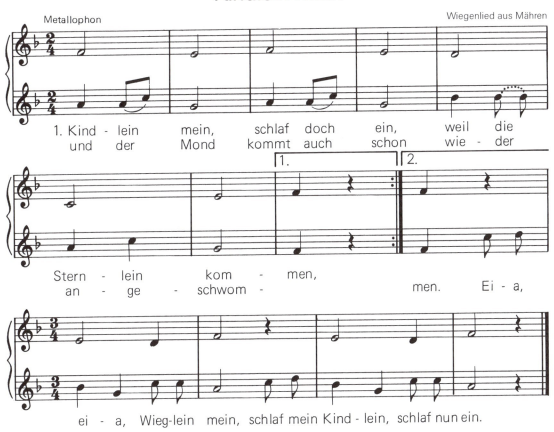

2. Kindlein mein, schlaf nun ein,
Vöglein fliegt vom Baume,
fliegt geschwind zu mei'm Kind,
singt ihm vor im Traume.
Eia, eia, Wieglein mein,
schlaf mein Kindlein, schlaf nun ein.

Guten Abend, gut Nacht

Worte: volkstümlich
Weise: Johannes Brahms

1. Guten Abend, gut Nacht, mit Rosen bedacht, mit Näglein besteckt, schlupf unter die Deck: Morgen früh, wenn Gott will, wirst du wieder geweckt, morgen früh, wenn Gott will, wirst du wieder geweckt.
2. Guten Abend, gut Nacht, von Englein bewacht, die zeigen im Traum dir Christkindleins Baum: Schlaf nun selig und süß, schau im Traum 's Paradies, schlaf nun selig und süß, schau im Traum 's Paradies.

Der Mond ist aufgegangen

Worte: Matthias Claudius
Weise: Joh. A. Schulz

1. Der Mond ist auf-ge-gan-gen, die gold-nen Stern-lein pran-gen am Him-mel hell und klar, der Wald steht schwarz und schwei-get, und aus den Wie-sen stei-get der wei-ße Ne-bel wun-der-bar.

2. Wie ist die Welt so stille
und in der Dämmrung Hülle
so traulich und so hold
als eine stille Kammer,
wo ihr des Tages Jammer
verschlafen und vergessen sollt.

3. Seht ihr den Mond dort stehen?
Er ist nur halb zu sehen
und ist doch rund und schön.
So sind wohl manche Sachen,
die wir getrost belachen,
weil unsre Augen sie nicht sehn.

Die Blümelein, sie schlafen

Worte: um 1840
Weise: Heinrich Isaak

1. Die Blü-me-lein, sie schla-fen schon längst im Mon-den-schein, sie ni-cken mit den Köpf-chen auf ih-ren Stän-ge-lein. Es rüt-telt sich der Blü-ten-baum, er säu-selt wie im Traum:

Schla - fe, schla - fe, schlaf ein, mein Kin - de - lein.

2. Die Vögelein, sie sangen,
so süß im Sonnenschein,
sie sind zur Ruh gegangen
in ihre Nestchen klein.
Das Heimchen in dem Ährengrund,
es tut allein sich kund.

3. Sandmännchen kommt geschlichen
und guckt durchs Fensterlein,
ob irgendwo ein Liebchen
nicht mag zu Bette sein,
und wo er noch ein Kindchen fand,
streut er ins Aug ihm Sand.

Der Sandmann ist da

Wer hat die schönsten Schäfchen?

2. Dort weidet er die Schäfchen
auf seiner blauen Flur,
denn all die weißen Sterne
sind seine Schäfchen nur.

3. Und soll ich dir eins bringen,
so darfst du niemals schrein,
musst freundlich wie die Schäfchen
und wie die Schäfer sein.

Wannst in Himmi willst kemma

Schnaderhüpfl aus Oberbayern

1. Wannst in Him-mi, sagt er, willst kem-ma, sagt er, muasst da Hand-schuh, sagt er, mit-neh-ma, sagt er, denn im Him-mi, sagt er, is's kalt, sagt er, weil der Schnee, sagt er, o-ba-fallt.

2. Wannst in Himmi, sagt er, willst kemma, sagt er, muasst an Krapfn, sagt er, mitnehma, sagt er, denn in Himmi, sagt er, nauf is's weit, sagt er, is koa Wirtshaus, sagt er, weit und breit.

3. Wannst in Himmi, sagt er, willst kemma, sagt er, muasst a Zeitung, sagt er, mitnehma, sagt er, denn im Himmi, sagt er, habns es gern, sagt er, wenns was Neues, sagt er, wieder hörn.

4. Wannst in Himmi, sagt er, willst kemma, sagt er, muasst a Schneiztüchl mitnehma, sagt er, denn im Himmi, sagt er, waars a Schand, sagt er, wannst di schneizast, sagt er, mit der Hand.

5. Wannst in Himmi, sagt er, willst kemma, sagt er, muasst a Hemad, sagt er, mitnehma, sagt er, denn im Himmi, sagt er, in an Gwand, sagt er, fliagt koa Engerl, sagt er, umanand.

A, a, a, der Winter, der ist da

Volkslied

1. A, a, a, der Winter, der ist da!
Herbst und Sommer sind vergangen,
Winter, der hat angefangen.
A, a, a, der Winter, der ist da!

2. E, e, e, er bringt uns Eis und Schnee!
Malt uns gar zum Zeitvertreiben
Blumen an die Fensterscheiben!
E, e, e, er bringt uns Eis und Schnee!

3. I, i, i, vergiss die Armen nie!
Wenn du liegst in warmen Kissen,
denk an die, die frieren müssen!
I, i, i, vergiss die Armen nie!

4. O, o, o, wie sind die Kinder froh!
Sehen jede Nacht im Traume
sich schon unterm Weihnachtsbaume.
O, o, o, wie sind die Kinder froh!

5. U, u, u, jetzt weiß ich, was ich tu!
Hol den Schlitten aus dem Keller,
und dann geht es schnell und schneller –
u, u, u – den Berg hinab: (rufen) Juchhu!

Der Winter ist ein rechter Mann

Worte: Matthias Claudius
Weise: E. Humperdinck

1. Der Winter ist ein rechter Mann, kernfest und auf die Dauer; sein Fleisch fühlt sich wie Eisen an und scheut nicht süß noch sauer.

2. Aus Blumen und aus Vogelsang
weiß er sich nichts zu machen,
hasst warmen Trank und warmen Klang
und alle warmen Sachen.

3. Wenn Stein und Bein von Frost zerbricht
und Teich und Seen krachen;
das klingt ihm gut, das hasst er nicht,
dann will er tot sich lachen.

4. Sein Schloss von Eis liegt hoch hinaus
beim Nordpol an dem Strande,
doch hat er auch ein Sommerhaus
im lieben Schweizerlande.

5. Da ist er denn bald dort, bald hier,
gut Regiment zu führen,
und wenn er durchzieht, stehen wir
und sehn ihn an und frieren.

A b c, die Katze lief im Schnee

Worte und Weise: volkstümlich

A b c, die Kat-ze lief im Schnee, und als sie dann nach Hau-se kam, da hatt' sie wei-ße Stie-fel an, o je-mi-ne, o je-mi-ne, die Kat-ze lief im Schnee.

Winter ade

Worte: Hoffmann von Fallersleben
Weise: volkstümlich

1. Win - ter a - de! Schei - den tut weh,

a - ber dein Schei - den macht, dass mir das Her - ze lacht. Win - ter a - de! Schei - den tut weh.

2. Winter ade! Scheiden tut weh.
Gerne vergess ich dein,
kannst immer ferne sein.
Winter ade! Scheiden tut weh.

3. Winter ade! Scheiden tut weh.
Gehst du nicht bald nach Haus,
lacht dich der Kuckuck aus.
Winter ade! Scheiden tut weh.

Es tönen die Lieder

Kanon zu 3 Stimmen
Volkstümlich aus dem 19. Jhdt.

Es tö-nen die Lie-der, der Früh-ling kehrt wie-der, es spie-let der Hir-te auf sei-ner Schal-mei: la la la la la la la la la la la la la la.

Jetzt fängt das schöne Frühjahr an

1. Jetzt fängt das schö-ne Früh-jahr an und al-les fängt zu blü-hen an auf grü-ner Heid und ü-ber-all.

2. Es blühen Blümlein auf dem Feld,
sie blühen weiß, blau, rot und gelb;
es gibt nichts Schöners auf der Welt.

3. Jetzt geh ich über Berg und Tal,
da hört man schon die Nachtigall
auf grüner Heid und überall.

Der Mai ist gekommen

Worte: Emanuel Geibel
Weise: Justus W. Lyra

1. Der Mai ist ge-kom-men, die Bäu-me schla-gen aus, Wie die Wol-ken dort wan-dern am himm-li-schen Zelt, so steht auch mir der Sinn in die wei-te, wei-te Welt. da blei-be, wer Lust hat, mit Sor-gen zu Haus!

2. Herr Vater, Frau Mutter, dass Gott euch behüt'!
Wer weiß, wo in der Ferne das Glück mir noch blüht;
es gibt so manche Straße, da nimmer ich marschiert,
es gibt so manchen Wein, den ich nimmer noch probiert.

3. Frisch auf drum, frisch auf drum im hellen Sonnenstrahl,
wohl über die Berge, wohl durch das tiefe Tal!
Die Quellen erklingen, die Bäume rauschen all,
mein Herz ist wie 'ne Lerche und stimmet ein mit Schall.

4. Und abends im Städtchen, da kehr ich durstig ein:
„Herr Wirt, mein Herr Wirt, eine Kanne blanken Wein!
Ergreife die Fiedel, du lust'ger Spielmann du!
Von meinem Schatz das Liedel, das singe ich dazu."

5. Und find ich kein Herberg', so liege ich zur Nacht
wohl unterm blauen Himmel, die Sterne halten Wacht;
im Winde die Linde, die rauscht mich ein gemach,
es küsset in der Frühe das Morgenrot mich wach.

Der Kuckuck und der Esel

Volkstümlich

1. Der Ku-ckuck und der E-sel, die hat-ten ei-nen Streit,

wer wohl am bes-ten sän-ge, wer wohl am bes-ten sän-ge,

zur schö-nen Mai-en - zeit, zur schö-nen Mai-en - zeit.

2. Der Kuckuck sprach: „Das kann ich!",
und fing gleich an zu schrein.
„Ich aber kann es besser, ich aber kann es besser",
fiel gleich der Esel ein, fiel gleich der Esel ein.

3. Das klang so schön und lieblich,
so schön von fern und nah.
Sie sangen alle beide, sie sangen alle beide:
„Kuckuck, kuckuck, ia, kuckuck, kuckuck, ia."

Alles neu macht der Mai

Worte und Weise: volkstümlich

Al - les neu macht der Mai, macht die See - le frisch und frei.
Lasst das Haus, kommt he - raus, win - det ei - nen Strauß!
Rings er - glän - zet Son - nen - schein, duf - tend pran - get Flur und Hain,
Vo - gel - sang, Hör - ner - klang tönt den Wald ent - lang.

Summ, summ, summ, Bienchen

Worte: Hoffmann von Fallersleben
Weise: volkstümlich aus Böhmen

Alle Vögel sind schon da

Worte: Hoffmann von Fallersleben
Weise: volkstümlich aus Schlesien

1. Alle Vögel sind schon da, alle Vögel, alle. Welch ein Singen, Musizier'n, Pfeifen, Zwitschern, Tirilier'n: Frühling will nun einmarschier'n, kommt mit Sang und Schalle.

2. Wie sie alle lustig sind,
flink und froh sich regen.
Amsel, Drossel, Fink und Star
und die ganze Vogelschar
wünschen uns ein frohes Jahr,
lauter Heil und Segen.

3. Was sie uns verkünden nun,
nehmen wir zu Herzen:
Wir auch wollen lustig sein,
lustig wie die Vögelein
hier und dort, feldaus, feldein,
singen, springen, scherzen.

Liebe Schwester, tanz mit mir

1. Lie-be Schwes-ter, tanz mit mir! Bei-de Hän-de reich ich dir.

Kehrreim: Ein-mal hin, ein-mal her, rund-he-rum, das ist nicht schwer.

2. Ei, das hast du schön gemacht,
ei, das hätt ich nicht gedacht.

3. Noch einmal das schöne Spiel,
weil es mir so gut gefiel.

O, du lieber Augustin

Volkslied

O, du lieber Augustin, Augustin, Augustin,
o, du lieber Augustin, alles ist hin!
Geld ist weg, Beutel ist weg, August liegt auch im Dreck.
O, du lieber Augustin, alles ist hin!

Kuckuck, Kuckuck

Worte: Hoffmann von Fallersleben
Weise: aus Österreich

Xylophon

Kuckuck, Kuckuck, ruft's aus dem Wald.

Ein Vogel wollte Hochzeit machen

Worte und Weise:
volkstümlich aus Schlesien

2. Die Drossel war der Bräutigam,
die Amsel war die Braute.

3. Der Sperber, der Sperber,
der war der Hochzeitswerber.

4. Die Lerche, die Lerche,
die führt' die Braut zur Kerche.

5. Frau Nachtigall, Frau Nachtigall,
die sang mit ihrem schönsten Schall.

6. Der Spatz, der kocht das Hochzeitsmahl,
verzehrt die schönsten Bissen all.

7. Der grüne Specht, der grüne Specht,
der war des Küchenmeisters Knecht.

8. Die Meisen, die Meisen,
die brachten bald die Speisen.

9. Die Finken, die Finken,
die brachten was zu trinken.

10. Die Gänse und die Anten,
das war'n die Musikanten.

11. Der Pfau mit seinem bunten Schwanz,
der führt' die Braut zum Hochzeitstanz.

12. Brautmutter war die Eule,
nahm Abschied mit Geheule.

13. Nun ist die Vogelhochzeit aus,
und alle ziehn vergnügt nach Haus.

Jetzt tanzt Hampelmann

Volkstümlich

1. Jetzt steigt Hampelmann, jetzt steigt Hampelmann, jetzt steigt Hampelmann aus seinem Bett heraus. 1.–7. O du mein Hampelmann, o du mein Hampelmann,

1. mein Hampelmann, mein Hampelmann,
2. mein Hampelmann, bist du.

2. Jetzt zieht Hampelmann
sich seine Strümpfe (Hose, Kittel) an.

3. Jetzt setzt Hampelmann
sich seine Mütze auf.

4. Jetzt geht Hampelmann
mit seiner Frau spazier'n.

5. Jetzt tanzt Hampelmann
mit seiner lieben Frau.

6. Er hat ein schief Gesicht,
und sie hat krumme Füß.

7. Er lacht „hahaha", sie lacht „hihihi",
er lacht „hahaha", der Hampelmann ist da.

Mein Hut, der hat drei Ecken

Melodie: Neapolitanische Canzonetta „O cara mamma mia"

Teng - teng - te-reng, teng - teng - te-reng, teng - teng - te-reng, teng - teng - te-reng, teng-

teng - te-reng, teng - teng - te-reng, teng - teng - te-reng, teng - teng.

2. (Einer): Ich kann auch spielen,
(Alle): wir können auch spielen
(Einer): die Violine,
(Alle): die Violine:
Sim-sim-serim, sim-sim-serim, ...

3. (Einer): Ich kann auch schlagen,
(Alle): wir können auch schlagen
(Einer): die große Trommel,
(Alle): die große Trommel:
Ti-rom-dom-dom, ti-rom-dom-dom, ...

4. (Einer): Ich kann auch spielen,
(Alle): wir können auch spielen
(Einer): die kleine Flöte,
(Alle): die kleine Flöte:
Tü-tü tü-tü, tü-tü tü-tü, ...

5. (Einer): Ich kann auch schlagen,
(Alle): wir können auch schlagen
(Einer): auf meine Pauke,
(Alle): auf uns're Pauke:
Pum-pum-perum, pum-pum-perum, ...

6. (Einer): Ich kann auch spielen,
(Alle): wir können auch spielen
(Einer): auf dem Klavier,
(Alle): auf dem Klavier:
„Tapp ich da ein bisserl hin..."
„Tapp'n wir da ein bisserl hin..."

Ringel, Ringel, Reihe

Worte aus: „Des Knaben Wunderhorn"
Weise: volkstümliches Spiellied

Rin - gel, Rin - gel, Rei - he, sind der Kin - der drei - e,
sit - zen un - term Hol - ler - busch, schrei - en al - le „Husch, husch, husch."

Heißa, Kathreinerle

Volksweise aus dem Elsass

1. Hei - ßa, Kath - rei - ner - le, schnür dir die Schuh,

schürz dir dein Rö - cke - le, gönn dir kein Ruh.
Di - del, du - del, da - del, schrumm, schrumm, schrumm, geht schon der
Hop - sa rum. Hei - ßa Kath - rei - ner - le, frisch im - mer - zu.

2. Dreh wie ein Rädele flink dich im Tanz!
Fliegen die Zöpfele, wirbelt der Kranz.
Didel, dudel, dadel, schrumm, schrumm, schrumm,
lustig im Kreis herum,
dreh dich, mein Mädel, im festlichen Glanz.

3. Heute heißt's lustig sein, morgen ist's aus!
Sinket der Lichter Schein, gehn wir nach Haus.
Didel, dudel, dadel, schrumm, schrumm, schrumm,
morgen mit viel Gebrumm
fegt die Frau Wirtin den Tanzboden aus.

Bibihenderl

Aus Oberbayern

1. Wia i bin auf d'Alma, Almaganga, hams ma wolln mei Bibihenderl fanga. Gel, mei Bibihenderl, gel, bibi, gel, mei Bibihenderl, jetzt duckst di.

2. Wia i bin in Wald außikemma,
hams ma wolln mei Bibihenderl nehma.
Gel, mei Bibihenderl, gel bibi,
gel, mei Bibihenderl, jetzt duckst di.

3. 's Bibihenderl is an Herd naufgsprunga,
hat si seine Pratzerl klein verbrunna.
Gel, mei Bibihenderl...

4. Muss i g'schwind in d' Stadt einilaffa,
um fünf Schuss a Bibihenderl kaffa.
Gel, mei Bibihenderl...

Auf unsrer Wiese gehet was

Xylophon
Worte: Richard Löwenstein

1. Auf unsrer Wiese gehet was, watet durch die Sümpfe. Es hat ein schwarzweiß Röcklein an, trägt auch rote Strümpfe, fängt die Frösche schnapp, schnapp, schnapp, klappert lustig klapperdiklapp. Wer kann es erraten?

2. Ihr denkt, das ist der Klapperstorch,
watet durch die Sümpfe.
Er hat ein schwarzweiß Röcklein an,
trägt auch rote Strümpfe,
fängt die Frösche schnapp, schnapp, schnapp,
klappert lustig klapperdiklapp.
Nein, das ist Frau Störchin!

Muhkälbchen, muh

Aus Mecklenburg

1. Muh-kälb-chen, muh! Tur-tel-taub, ru-cke-di-guh!
Hünd-lein, Hünd-lein, wau, wau, wau, Kätz-lein, Kätz-lein, mau, mau, mau,
Hähn-chen ki-ke-ri-ki! Schlaf bis mor-gen früh!

2. Bählämmchen, bäh!
Meckezick, meckemeck mäh!
Bienlein, Bienlein, summ, summ, summ,
Hummel, Hummel, brumm, brumm, brumm!
Hähnchen, kikeriki!
Schlaf bis morgen früh!

Suse, liebe Suse

Aus Norddeutschland

1. Su - se, lie - be Su - se, was ra - schelt im Stroh? Die Gäns - lein ge - hen bar - fuß und ha - ben kein' Schuh. Der Schus - ter hat's Le - der, kein' Leis - ten da - zu, drum geh'n die lie - ben Gäns - lein und ha - ben kein' Schuh.

2. Suse, liebe Suse, das ist eine Not!
Wer schenkt mir einen Dreier für Zucker und Brot?
Verkauf ich mein Bettlein und leg mich aufs Stroh,
dann sticht mich keine Feder und beißt mich kein Floh!

Meine Ziege

Aus Nordböhmen

1. An meiner Ziege hab ich Freude, 's ist ein wunderschönes Tier. Haare hat sie wie aus Seide, Hörner hat sie wie ein Stier. Meck, meck, meck, meck! Meck, meck, meck, meck!

2. Sie hat ein ausgestopftes Ränzel wie ein alter Dudelsack,
und ganz hinten hat's ein Schwänzel wie ein Stängel Rauchtabak.
Meck, meck ...

Ei, ei, ihr Hühnerchen

Aus der Mark Brandenburg

1. Ei, ei, ei, ihr Hüh-ner-chen, was habt ihr denn ge-tan? Seit ei-ner hal-ben Stun-de schon fehlt eu-er lie-ber Hahn, Hahn.

2. Hähnchen ist aufs Dach geflogen
ins Bodenloch hinein,
da schlug der Wind die Türe zu,
es muss gefangen sein.

3. Doch nach einer Stunde schon
ging wieder auf die Tür:
„Tuck, tuck, tuck, tuck, ihr Hühnerchen,
nun bin ich wieder hier!"

4. Wie freuten sich die Hühnerchen,
als sie ihn wieder sahn,
wie hüpften sie und sprangen sie
um ihren lieben Hahn.

Das Froschkonzert

Kanon zu 3 Stimmen
Volkstümlich

Heut ist ein Fest bei den Frö-schen am See, Ball und Kon-zert und ein gro-ßes Di-ner. Qua, qua, qua, qua.

Alle meine Entchen

Altes Kinderlied

Alle meine Entchen schwimmen auf dem See,
Köpfchen in dem Wasser, Schwänzchen in der Höh.

Wer die Gans gestohlen hat

Volkstümlich

Wer die Gans ge-stoh-len hat, der ist ein Dieb, der ist ein Dieb; wer sie a-ber wie-der bringt, den hab ich lieb. Da steht der Gän-se-dieb, da steht der Gän-se-dieb,
den hat kein Mensch mehr lieb, den hat kein Mensch mehr lieb.

Widewidewenne

Aus Holstein

1.-7. Wi - de - wi - de - wen - ne heißt mei - ne Putt -

hen - ne, 1. Kann - nicht - ruhn heißt mein Huhn, Wa - ckel - schwanz heißt mei - ne Gans. 1.-7. Wi - de - wi - de - wen - ne heißt mei - ne Putt - hen - ne.

2. Schwarz-und-weiß heißt meine Geiß, Treib-ein, so heißt mein Schwein ...

3. Ehrenwert heißt mein Pferd, Gute-muh heißt meine Kuh ...

4. Wettermann heißt mein Hahn, Kunterbunt heißt mein Hund ...

5. Guck-heraus heißt mein Haus, Schlupf-hinaus heißt meine Maus ...

6. Wohlgetan heißt mein Mann, Sausewind heißt mein Kind ...

7. Leberecht heißt mein Knecht, Hochbetagt heißt meine Magd ...

8. gesprochen: Nun kennt ihr mich mit Mann und Kind und meinem ganzen Hofgesind.

Gretel, Pastetel

Worte und Weise: volkstümlich

1. Gre-tel, Pas-te-tel, was ma-chen die Gäns?

Sie sit-zen im Wasser und waschen die Schwänz.

2. Gretel, Pastetel, was macht eure Kuh?
Sie stehet im Stalle und macht immer „muh".

3. Gretel, Pastetel, was macht euer Hahn?
Er sitzt auf der Mauer und kräht, was er kann.

Kommt ein Vogel geflogen

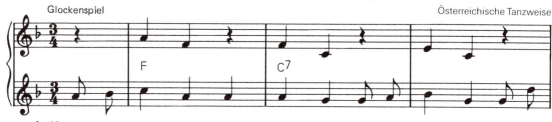

1. Kommt ein Vogel geflogen, setzt sich nieder auf mein

Fuß, hat ein Zettel im Schnabel, von der Mutter ein Gruß.

2. Lieber Vogel, flieg weiter,
nimm ein Gruß mit und ein Kuss,
denn ich kann dich nicht begleiten,
weil ich hier bleiben muss.

Fuchs, du hast die Gans gestohlen

Worte: Ernst Anschütz
Weise: volkstümlich

1. Fuchs, du hast die Gans ge-stoh-len, gib sie wie-der her, gib sie wie-der

her, sonst wird dich der Jä-ger ho-len mit dem Schießge-wehr,

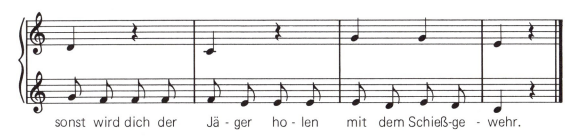

sonst wird dich der Jä-ger ho-len mit dem Schieß-ge-wehr.

2. Seine große lange Flinte
schießt auf dich den Schrot;
dass dich färbt die rote Tinte,
und dann bist du tot.

3. Liebes Füchslein, lass dir raten,
sei doch nur kein Dieb;
nimm, du brauchst nicht Gänsebraten,
mit der Maus vorlieb.

2. I: Wollt ihr wissen, wie der Bauer :I seinen Haber abmäht?
I: Sehet so, so macht's der Bauer, :I wenn er Haber abmäht.

3. I: Wollt ihr wissen, wie der Bauer :I seinen Haber einfährt?
I: Sehet so, so macht's der Bauer, :I wenn er Haber einfährt.

4. I: Wollt ihr wissen, wie der Bauer :I seinen Haber ausdrischt?
I: Sehet so, so macht's der Bauer, :I wenn er Haber ausdrischt.

5. I: Wollt ihr wissen, wie der Bauer :I nach der Arbeit ausruht?
I: Sehet so, so macht's der Bauer, :I wenn er abends ausruht.

6. I: Wollt ihr wissen, wie der Bauer :I nach der Arbeit sich freut?
I: Sehet so, so macht's der Bauer, :I wenn beim Tanz er sich dreht.

Spiellied aus dem Rheinland

Bildet einen Kreis und fasst euch bei den Händen! Geht während der Frage im Kreis herum, bei der Antwort haltet still, löst die Hände und ahmt die Tätigkeiten des Bauern nach!

Hänschen klein

1. Häns-chen klein geht al-lein in die wei-te Welt hi-nein.

Stock und Hut stehn ihm gut, ist gar wohl-ge-mut.

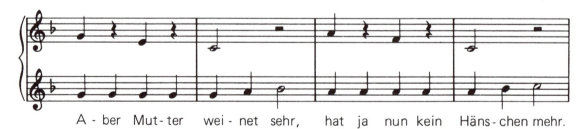

A-ber Mut-ter wei-net sehr, hat ja nun kein Häns-chen mehr.

„Wünsch dir Glück", sagt ihr Blick, „kehr nur bald zu-rück!"

2. Sieben Jahr, trüb und klar,
Hänschen in der Fremde war.
Da besinnt sich das Kind,
eilet heim geschwind.
Doch nun ist's kein Hänschen mehr,
nein, ein großer Hans ist er,
braun gebrannt Stirn und Hand,
wird er wohl erkannt?

3. Eins, zwei, drei gehn vorbei,
wissen nicht, wer das wohl sei.
Schwester spricht: „Welch Gesicht!",
kennt den Bruder nicht.
Doch da kommt sein Mütterlein.
Schaut ihm kaum ins Aug hinein,
spricht sie schon: „Hans, mein Sohn!
Grüß dich Gott, mein Sohn!"

Was noch frisch und jung

Aus Franken

1. Was noch frisch und jung an Jahren,
das geht jetzt auf Wanderschaft,
um was Neues zu erfahren,
keck zu proben seine Kraft.
Bleib nicht sitzen in dem Nest,
Reisen ist das Allerbest!

2. Fröhlich klingen unsre Lieder, und es grüßt der Amsel Schlag,
auf, so lasst uns reisen, Brüder, in den hellen, jungen Tag!
Bleib nicht...

3. Also gehn wir auf die Reise in viel Städt' und fremde Land,
machen uns mit ihrer Weise, ihren Künsten wohl bekannt!
Bleib nicht...

Tanz, tanz, Gretelein

Aus Thüringen

1. Tanz, tanz, Gre-te-lein, du hast so schö-ne Schuh!
Heb die Füß-chen nur ge-schwin-de, dass dein Röck-lein flieg im Win-de!

Tanz, tanz, Gre-te-lein, ich pfeif dir eins da-zu.

2. Tanz, tanz, Hänselein, mit deiner Zipfelmütz!
Musst mich fangen, musst mich necken,
steh nicht steif da wie ein Stecken!
Tanz, tanz, Hänselein, mit deiner Zipfelmütz.

Wenn ich ein Vöglein wär

Worte: aus „Des Knaben Wunderhorn"
Weise: Joh. Friedr. Reichardt

1. Wenn ich ein Vög-lein wär und auch zwei Flü-gel hätt, flög ich zu dir.

Weil's a-ber nicht kann sein, weil's a-ber nicht kann sein, bleib ich all - hier.

2. Bin ich gleich weit von dir,
bin doch im Schlaf bei dir
und red mit dir.
Wenn ich erwachen tu,
bin ich allein.

3. Vergeht kein Stund in der Nacht,
da nicht mein Herz erwacht
und dein gedenkt,
dass du mir vieltausendmal
dein Herz geschenkt.

Auf einem Baum ein Kuckuck saß

Volksweise aus dem Bergischen

1. Auf ei-nem Baum ein Ku-ckuck, sim-sa-la-dim, bam-ba, sa-la-du, sa-la-dim, auf ei-nem Baum ein Ku-ckuck saß.

2. Da kam ein junger Jägers.. mann.
3. Der schoss den armen Kuckuck... tot.
4. Und als ein Jahr vergangen... war,
5. da war der Kuckuck wieder... da.

Der Sommer ist da

Volkstümlich

1. Trarira, der Sommer, der ist da! Wir wollen in den Garten und woll'n des Sommers warten. Ja, ja, ja, der Sommer, der ist da!

2. Trarira, der Sommer, der ist da!
Wir wollen hinter Hecken
und woll'n den Sommer wecken.

3. Trarira, der Sommer, der ist da!
Der Sommer hat gewonnen,
der Winter hat verloren.

Bei einem Wirte wundermild

Worte: Ludwig Uhland
Weise: volkstümlich

1. Bei einem Wirte wundermild, da war ich jüngst zu Gaste, ein gold-ner Apfel war sein Schild an einem langen Aste.

2. Es war der gute Apfelbaum,
bei dem ich eingekehret;
mit süßer Kost und frischem Schaum
hat er mich wohlgenähret.

3. Es kamen in sein grünes Haus
viel leicht beschwingte Gäste,
sie sprangen frei und hielten Schmaus
und sangen auf das Beste.

4. Ich fand ein Bett zu süßer Ruh
auf weichen grünen Matten.
Der Wirt, der deckte selbst mich zu
mit seinem kühlen Schatten.

5. Nun fragt ich nach der Schuldigkeit,
da schüttelt er den Wipfel.
Gesegnet sei er allezeit
von der Wurzel bis zum Gipfel.

Eine kleine Geige möcht ich haben

Worte: Hoffmann von Fallersleben
Weise: volkstümlich

Bettelmanns Hochzeit

Worte: aus „Des Knaben Wunderhorn"
Weise: aus Schwaben

2. Widele ... Hochzeit.
Pfeift das Mäusele, tanzt das Läusele,
schlägt das Igele Trumme.

3. Widele ... Hochzeit.
Wind mer a Kränzele, tanz mer a Tänzele,
lass mer das Geigele singe.

(Schluss) Widele wedele, hinter dem Städele
hält der Bettelmann Hochzeit.

Die Tiroler sind lustig

1. Die Ti - ro - ler sind lus - tig, die Ti - ro - ler sind

froh, ver - kau - fen ihr Bett - chen und schla - fen auf Stroh.

2. Die Tiroler sind lustig,
die Tiroler sind froh,
sie nehmen ein Weibchen
und tanzen dazu.

3. Erst dreht sich das Weibchen,
dann dreht sich der Mann,
dann tanzen sie beide
und fassen sich an.

Es tanzt ein Bi-Ba-Butzemann

Worte: aus „Des Knaben Wunderhorn"
Weise: volkstümlich

Es tanzt ein Bi-Ba-Butzemann in unserm Haus herum, didel-dum, es um. Er rüttelt sich, er

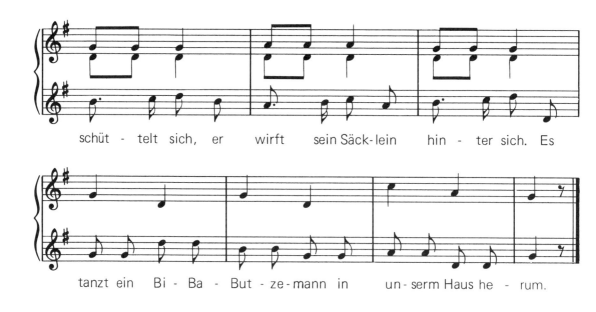

Spannenlanger Hansel

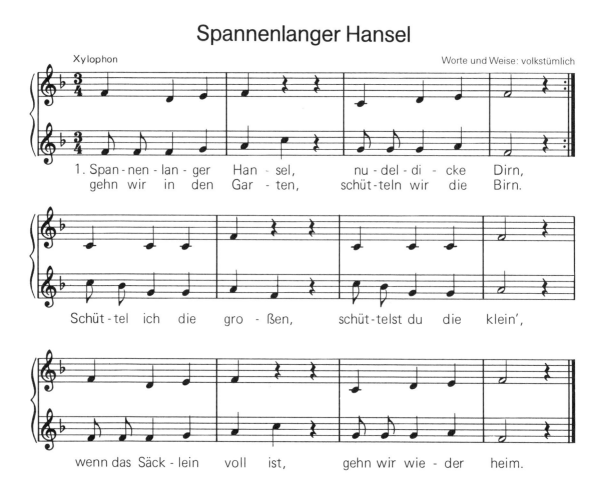

2. „Lauf doch nicht so schnelle,
spannenlanger Hans!
Ich verlier die Birnen
und die Schuh noch ganz."
„Trägst ja nur die kleinen,
nudeldicke Dirn,
und ich schlepp den schwer'n Sack
mit den großen Birn."

In meinem kleinen Apfel

Worte: volkstümlich
Weise: nach W. A. Mozart

1. In meinem kleinen Apfel, da sieht es lustig aus: es sind darin fünf Stübchen grad wie in einem Haus.

2. In jedem Stübchen wohnen zwei Kernchen schwarz und fein, die liegen drin und träumen vom lieben Sonnenschein.

3. Sie träumen auch noch weiter gar einen schönen Traum, wie sie einst werden hängen am lieben Weihnachtsbaum.

Knusper, knusper, Knäuschen

Kanon zu 2 – 4 Stimmen

Volkstümlich

Knus-per, knus-per, Knäus-chen, wer knus-pert an mein Häus-chen? Der Wind, der Wind, das himm-li-sche Kind.

Zwischen Berg und tiefem, tiefem Tal

Volkstümlich aus Hessen

1. Zwischen Berg und tiefem, tiefem Tal saßen einst zwei Hasen, fraßen ab das grüne, grüne Gras, fraßen ab das grüne, grüne Gras bis auf den Rasen.

2. Als sie satt gefressen, fressen war'n,
setzten sie sich nieder,
bis dass der Jäger, Jäger kam
und schoss sie nieder.

3. Als sie sich nun aufgesammelt hatt'n
und sie sich besannen,
dass sie noch am Leben, Leben war'n,
liefen sie von dannen.

Häschen in der Grube

Worte und Weise: volkstümliches Spiellied

Häs-chen in der Gru - be saß und schlief, saß und

schlief. „Ar - mes Häs-chen, bist du krank, dass du nicht mehr

hüp-fen kannst? Häs-chen, hüpf! Häs-chen, hüpf! Häs - chen hüpf!"

Taler, Taler, du musst wandern

Ta-ler, Ta-ler, du musst wan-dern von der ei-nen Hand zur an-dern.

Das ist schön, das ist schön, Ta-ler, lass dich nur nicht seh'n!

Frau Schwalbe ist 'ne Schwätzerin

Worte: G. Chr. Dieffenbach
Weise: E. U. Kern

1. Frau Schwalbe ist 'ne Schwätzerin, sie schwatzt den ganzen Tag, sie plaudert mit der Nachbarin, so viel sie plaudern mag; das zwitschert, das zwatschert, den lieben langen Tag, das Tag.

2. Sie schwatzt von ihren Eiern viel,
von ihren Kindern klein,
und wenn sie niemand hören will,
schwatzt sie für sich allein;
das zwitschert, das zwatschert
und kann nicht stille sein.

3. Hält sie im Herbst Gesellschaft gar
auf jenem Dache dort,
so schwatzen die Frau Schwalben all
erst recht in einem fort;
das zwitschert, das zwatschert,
und man versteht kein Wort.

In Mutters Stübele

Aus dem Breisgau

1. In Mutters Stübele, da geht der hm, hm, hm, in Mutters Stübele, da geht der Wind.
2. Muss fast erfrieren drin vor lauter – Wind.
3. Wir wollen betteln gehn, es sind uns – zwei.
4. Du nimmst den Bettelsack und ich den – Korb.
5. Ich geh vors Herrenhaus und du vors – Tor.
6. Ich krieg ein Apfele und du ein' – Birn.
7. Du sagst „Vergelt es Gott" und ich sag – „Dank".

Jetzt fahrn wir übern See

Aus Böhmen

1. Jetzt fahrn wir übern See, übern See, jetzt fahrn wir übern *) See mit einer hölzern Wurzel, Wurzel, Wurzel, Wurzel, mit einer hölzern Wurzel, kein Ruder war nicht *) dran.

*) Wer hier weitersingt, zahlt ein Pfand!

2. Und als wir drüber war'n,
da sangen alle Vöglein,
der helle Tag brach an!

3. Der Jäger blies ins Horn,
da bliesen alle Jäger,
ein jeder in sein Horn.

4. Das Liedlein, das ist aus,
und wer das Lied nicht singen kann,
der fang von vorne an!

Auf der Eisenbahn

Xylophon

Worte und Weise: volkstümliches Spiellied

Auf der Ei - sen - bahn steht ein schwarzer Mann,
schürt das Feu - er an, dass man fah - ren kann. Kin-der-lein, Kin-der-lein, hängt euch dran! Wir fah - ren mit der Ei - sen - bahn.

Ein Schneider fing 'ne Maus

1. Ein Schneider fing 'ne Maus, ein Schneider fing 'ne Maus, ein Schneider fing 'ne Mi - ma - mau - se - maus.

2. Was macht er mit der Maus?
3. Er zog ihr ab das Fell.
4. Was macht er mit dem Fell?
5. Er näht sich eine Tasch'.
6. Was macht er mit der Tasch'?
7. Er steckt darein sein Geld.
8. Was macht er mit dem Geld?
9. Er kauft sich einen Bock.
10. Was macht er mit dem Bock?
11. Er reitet im Galopp.
12. Was macht er im Galopp?
13. Er fällt dabei in'n Dreck.

Altes Kinderlied

Das lässt sich lustig spielen! Im Kreis steht der Schneider Hans und zieht dem Mäuse-Fritz das Fell ab, d. h. die Jacke aus; zuletzt reitet er huckepack auf dem Bock Michael, bis ihn dieser unsanft abwirft.

Morgens früh um sechs

1. Mor-gens früh um sechs kommt die klei-ne Hex.

2. Morgens früh um sieb'n
schabt sie gelbe Rüb'n.

3. Morgens früh um acht
wird Kaffee gemacht.

4. Morgens früh um neun
geht sie in die Scheun'.

5. Morgens früh um zehn
holt sie Holz und Spän'.

6. Feuert an um elf,
kocht dann bis um zwölf.

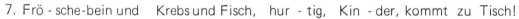

7. Frö - sche-bein und Krebs und Fisch, hur - tig, Kin - der, kommt zu Tisch!

Schustertanz

Tanzlied aus Pommern

Ach lieber Schuster, du, flick du mir meine Schuh, die Schuhe sind entzwei, der Schuster macht sie neu.

Wer weiß, wie das noch werden wird, wer weiß, wie das noch wird!
Wer weiß, wer dich noch nehmen wird, wer weiß, wer dich noch nimmt.

Hans Spielmann

Volksweise

1. Hans Spielmann, stimme deine Fiedel, es geht im Schritt und Tritt. Zum Abschied noch ein muntres Liedel, wer Lust hat, singe mit. Wir ziehen in die weite, ja weite, wunderschöne Welt hinaus. Frischauf zum frohen Wandern, wer Lust hat, bleib zu Haus!

2. Ist heut der Himmel klar und heiter
und morgen grau und trüb,
wir ziehen unsre Straße weiter
und singen noch ein Lied.
Was soll denn weiter werden,
als wie zum Bauern in ein warmes Nest,
das macht uns kein' Beschwerden,
ist besser als Arrest.

3. Und kommen auch mal schwere Zeiten,
der Hunger plagt uns sehr;
der Wirt will uns kein Mahl bereiten,
dieweil der Beutel leer.
Das macht uns keine Sorgen.
Sagt an, ihr Herrn, was kostet eure Welt?
Mit Fiedel und mit Bogen
ist auch ein Fest bestellt.

Wem Gott will rechte Gunst erweisen

Worte: Joseph von Eichendorff
Weise: Theodor Fröhlich

1. Wem Gott will rechte Gunst erweisen, den schickt er in die weite Welt, dem will er seine Wunder weisen in Berg und Tal und Strom und Feld.

2. Die Bächlein von den Bergen springen,
die Lerchen schwirren hoch vor Lust;
was sollt' ich nicht mit ihnen singen
aus voller Kehl und frischer Brust?

3. Den lieben Gott lass ich nur walten;
der Bächlein, Lerchen, Wald und Feld
und Erd und Himmel will erhalten,
hat auch mein Sach' aufs Best' bestellt.

Es klappert die Mühle am rauschenden Bach

Worte: Ernst Anschütz
Weise: volkstümlich

Der Müller

Altes Spiellied

1. Die Mühle, die braucht Wind, Wind, Wind, sonst geht sie nicht geschwind, schwind, schwind, die Mühle, die braucht Wind, Wind, Wind, sonst geht sie nicht geschwind.

2. Das Korn wird Mehl, das Mehl wird Brot, und Brot tut allen Menschen Not.
Drum braucht die Mühle Wind, Wind, Wind, sonst geht sie nicht geschwind.

Das Wandern ist des Müllers Lust

Worte: Wilhelm Müller
Weise: Karl Fr. Zöllner

1. Das Wandern ist des Müllers Lust, das Wandern ist des Müllers Lust, das Wandern! Das muss ein schlechter

2. Vom Wasser haben wir's gelernt,
vom Wasser haben wir's gelernt, vom Wasser.
Das hat nicht Ruh bei Tag und Nacht,
ist stets auf Wanderschaft bedacht,
ist stets auf Wanderschaft bedacht, das Wasser.

3. Das sehn wir auch den Rädern ab,
das sehn wir auch den Rädern ab, den Rädern.
Die gar nicht gerne stille stehn
und sich am Tag nicht müde drehn,
und sich am Tag nicht müde drehn, die Räder.

2. Im Walde,
da wachsen die Schwämm',
wenn's keine gibt,
bleib'n wir derhämm.

3. Im Wald, da gibt's lustige Leut,
und Beer'n und Schwämm'
suchen wir heut.

Laterne, Laterne

Worte und Weise: volkstümlich

La - ter - ne, La - ter - ne, Son - ne, Mond und Ster - ne, bren - ne auf, mein Licht, bren - ne auf, mein Licht, a - ber nur mei-ne lie-be La - ter - ne nicht. ter - ne nicht.

Dornröschen

Altes Spiellied

1. Dorn-rös-chen war ein schö-nes Kind, schö-nes Kind, schö-nes Kind, Dorn-rös-chen war ein schö-nes Kind, schö-nes Kind.

2. Dornröschen, nimm dich ja in Acht!
3. Da kam die böse Fee herein.
4. „Dornröschen schlafe hundert Jahr!"

5. Da wuchs die Hecke riesengroß.
6. Da kam ein junger Königssohn.
7. „Dornröschen, wache wieder auf!"
8. Sie feierten das Hochzeitsfest.
9. Da jubelte das ganze Volk.

Hänsel und Gretel

Worte und Weise: volkstümlich

1. Hän - sel und Gre - tel ver - lie - fen sich im Wald.
Es war schon fins - ter und auch so grim - mig kalt. Sie
ka - men an ein Häus - chen von Pfef - fer - ku - chen fein:
Wer mag der Herr wohl von die - sem Häus - chen sein?

2. Hu, hu, da schaut eine alte Hexe raus.
Sie lockt die Kinder ins Pfefferkuchenhaus.
Sie stellte sich gar freundlich,
o Hänsel, welche Not!
Sie will dich braten
im Ofen braun wie Brot.

3. Doch als die Hexe zum Ofen schaut hinein,
ward sie geschoben von Hans und Gretelein.
Die Hexe musste braten,
die Kinder gehn nach Haus.
Nun ist das Märchen
von Hans und Gretel aus.

Lasst uns froh und munter sein

Aus dem Hunsrück

1. Lasst uns froh und munter sein und uns in dem Herrn erfreun! Lustig, lustig, traleralala, bald ist Niklausabend da, bald ist Niklausabend da.

2. Dann stell ich den Teller auf,
Niklaus legt gewiss was drauf.

3. Wenn ich schlaf, dann träume ich:
Jetzt bringt Niklaus was für mich.

4. Wenn ich aufgestanden bin,
lauf ich schnell zum Teller hin.

5. Niklaus ist ein braver Mann,
den man nicht g'nug loben kann.

Alle Jahre wieder

Worte und Weise: volkstümlich

1. Al - le Jah - re wie - der kommt das Chris - tus - kind auf die Er - de nie - der, wo wir Men - schen sind.

2. Kehrt mit seinem Segen ein in jedes Haus,
geht auf allen Wegen mit uns ein und aus.

3. Ist auch mir zur Seite still und unerkannt,
dass es treu mich leite an der lieben Hand.

O du fröhliche

Worte und Weise: volkstümlich

1. O du fröhliche, o du selige,
Gnaden bringende Weihnachtszeit!
Welt ging verloren, Christ ist geboren.
Freue, freue dich, o Christenheit!

2. O du fröhliche, o du selige,
Gnaden bringende Weihnachtszeit!
Christ ist erschienen,
uns zu versöhnen.
Freue, freue dich, o Christenheit!

3. O du fröhliche, o du selige,
Gnaden bringende Weihnachtszeit!
Himmlische Heere
jauchzen dir Ehre:
Freue, freue dich, o Christenheit!

Kling, Glöckchen, kling

Volkstümlich

1. Kling, Glöckchen, klin-ge-lin-ge-ling, kling, Glöckchen, kling!
Lasst mich ein, ihr Kinder, 's ist so kalt der Winter,
öffnet mir die Türen, lasst mich nicht erfrieren!
Kling, Glöckchen, klin-ge-lin-ge-ling, kling, Glöckchen, kling!

2. Kling, Glöckchen, klingelingeling,
kling, Glöckchen, kling!
Mädchen hört, und Bübchen,
macht mir auf das Stübchen!

Bring euch milde Gaben,
sollt euch dran erlaben.
Kling, Glöckchen, klingelingeling,
kling, Glöckchen, kling!

Susani

Eine Stimme — Geistliches Wiegenlied aus dem 17. Jh.

1. Vom Himmel hoch ihr Engel kommt! Eia, eia, susani, susani, susani. Kommt, singt und klingt, kommt, pfeift und trombt! Alleluja, Alleluja! Von Jesus singt und Maria!

2. Kommt ohne Instrumente nit,
bringt Lauten, Harfen, Geigen mit!

3. Lasst hören euer Stimmen viel
mit Orgel und mit Saitenspiel!

4. Hier muss die Musik himmlisch sein,
weil dies ein himmlisch Kindelein.

5. Die Stimmen müssen lieblich gehn
und Tag und Nacht nicht stille stehn.

6. Singt Fried den Menschen weit und breit,
Gott Preis und Ehr in Ewigkeit!

O Tannenbaum

Worte und Weise: volkstümlich

2. O Tannenbaum, o Tannenbaum,
du kannst mir sehr gefallen!
Wie oft hat nicht zur Weihnachtszeit
ein Baum von dir mich hocherfreut!
O Tannenbaum, o Tannenbaum,
du kannst mir sehr gefallen.

3. O Tannenbaum, o Tannenbaum,
dein Kleid will mich was lehren:
Die Hoffnung und Beständigkeit
gibt Trost und Kraft zu aller Zeit.
O Tannenbaum, o Tannenbaum,
dein Kleid will mich was lehren.

Josef, lieber Josef mein

Aus dem 14. Jahrhundert

1. Jo-sef, lie-ber Jo-sef mein, hilf mir wie-gen mein Kin-de-lein. Gott, der wird dein Loh-ner sein im Him-mel-reich, der Jung-frau Sohn, Ma-ri-a.

Xylophon durchgehend:

2. Gerne, lieb Maria mein,
helf ich dir wiegen dein Kindelein.
Gott, der wird mein Lohner sein
im Himmelreich, der Jungfrau Sohn, Maria.

Ihr Kinderlein kommet

Worte: Christoph von Schmid
Weise: J. A. P. Schulz

1. Ihr Kinderlein kommet, o kommet doch all!
Zur Krippe her kommet in Bethlehems Stall!
Und seht, was in dieser hochheiligen Nacht der
Vater im Himmel für Freude uns macht.

2. O seht in der Krippe
im nächtlichen Stall,
seht hier bei des Lichtleins
hell glänzendem Strahl
in reinlichen Windeln
das himmlische Kind,
viel schöner und holder,
als Engel es sind.

3. Da liegt es, das Kindlein,
auf Heu und auf Stroh,
Maria und Josef
betrachten es froh,
die redlichen Hirten
knien betend davor,
hoch oben schwebt
jubelnd der Engelein Chor.

4. O beugt wie die Hirten
anbetend die Knie,
erhebet die Händlein
und denket wie sie.
Stimmt freudig, ihr Kinder –
wer sollt sich nicht freun? –
stimmt freudig zum Jubel
der Engel mit ein!

Stille Nacht, heilige Nacht

Worte: Joseph Mohr
Weise: Franz Gruber

1. Stille Nacht, heilige Nacht! Alles schläft, einsam wacht nur das traute, hochheilige Paar. Holder Knabe im lockigen Haar, schlaf in himmlischer Ruh, schlaf in himmlischer Ruh!

2. Stille Nacht, heilige Nacht!
Hirten erst kundgemacht,
durch der Engel Halleluja
tönt es laut von fern und nah:
Christ, der Retter ist da!

Inhaltsverzeichnis

A, a, a, der Winter, der ist da	36
A b c, die Katze lief im Schnee	38
Alle Jahre wieder	128
Alle meine Entchen	73
Alles neu macht der Mai	48
Alle Vögel sind schon da	50
Auf der Eisenbahn	106
Auf einem Baum ein Kuckuck saß	87
Auf unsrer Wiese gehet was	65
Backe, backe Kuchen	14
Bei einem Wirte wundermild	89
Bettelmanns Hochzeit	92
Bibihenderl	64
Das bucklige Männlein	12
Das Froschkonzert	72
Das Wandern ist des Müllers Lust	116
Der Kuckuck und der Esel	46
Der Mai ist gekommen	45
Der Mond ist aufgegangen	29
Der Müller	116
Der Sandmann ist da	32
Der Sommer ist da	88
Der Wächter auf dem Turme saß	8
Der Winter ist ein rechter Mann	37
Die Blümelein, sie schlafen	30
Die Tiroler sind lustig	94
Die Waschfrauen	10
Dornröschen	122
Ei, ei, ihr Hühnerchen	70
Eine kleine Geige möcht ich haben	91
Ein Männlein steht im Walde	120
Ein Schneider fing 'ne Maus	107
Ein Vogel wollte Hochzeit machen	54
Es klappert die Mühle am rauschenden Bach	114
Es regnet	20
Es tanzt ein Bi-Ba-Butzemann	95
Es tönen die Lieder	42
Es war eine Mutter	43
Feierabend	21
Frau Schwalbe ist 'ne Schwätzerin	103
Froh zu sein	5
Fuchs, du hast die Gans gestohlen	79
Gretel Pastetel	76
Guten Abend, gut Nacht	28
Hans Spielmann	112
Hänschen klein	82
Hänsel und Gretel	124
Häschen in der Grube	101
Heißa, Kathreinerle	62
Hört ihr Herrn	22
Hopp, hopp, hopp	19

Ich bin ein kleiner König	23	O Tannenbaum	132
Ich bin ein Musikante	60		
I fahr mit der Post	18	Ringel, Ringel, Reihe	62
Ihr Kinderlein kommet	135		
Im Frühtau zu Berge	7	Schlaf, Kindchen, schlaf	26
Im Walde	118	Schustertanz	111
In meinem kleinen Apfel	98	Spannenlanger Hansel	96
In Mutters Stübele	104	Stille Nacht, heilige Nacht	136
		Summ, summ, summ, Bienchen	49
Jetzt fängt das schöne Frühjahr an	44	Susani	131
Jetzt fahrn wir übern See	104	Suse, liebe Suse	68
Jetzt tanzt Hampelmann	57	Taler, Taler, du musst wandern	102
Josef, lieber Josef mein	134	Tanz, tanz, Gretelein	85
Kindlein mein	27	Uhrenkanon	8
Kling, Glöckchen, kling	130		
Knusper, knusper, Knäuschen	99	Wannst in Himmi willst kemma	34
Kommt ein Vogel geflogen	78	Was noch frisch und jung	84
Kuckuck, Kuckuck	52	Weißt du, wie viel Sternlein stehen	24
Lasst uns froh und munter sein	126	Wem Gott will rechte Gunst erweisen	113
Laterne, Laterne	121	Wenn ich ein Vöglein wär	86
Liebe, Schwester, tanz mit mir	51	Wer die Gans gestohlen hat	74
Lustig ist die Fasenacht	39	Wer hat die schönsten Schäfchen?	32
Meine Ziege	69	Wer will fleißige Handwerker sehn	16
Mein Hut, der hat drei Ecken	59	Widewidewenne	74
Meister Jakob	6	Winter ade	40
Morgens früh um sechs	108	Wollt ihr wissen, wie der Bauer	80
Müde bin ich, geh zur Ruh	25		
Muhkälbchen, muh	67	Zwischen Berg und tiefem, tiefem Tal	100
O du fröhliche	129		
O, du lieber Augustin	52